AF578716

Jorge J. Cittadini

Hacia el encuentro con el que lo es todo...

Un camino para la oración y la meditación

Cittadini, Jorge J.
Hacia el encuentro con el que lo es todo... Un camino para la oración y la meditación - 2a reimp. - Buenos Aires : Miño y Dávila srl, 2025.
104 p. ; 22.5 x14.5 cm.
ISBN 978-84-16467-69-3

1. Espiritualidad. Espiritualidad Franciscana Teologia Espiritual Oración I. Título
IBIC HRLF9, HRLK

Edición: Segunda reimpresión. Marzo de 2025

ISBN: 978-84-16467-69-3

Imagen de tapa: *S. Francisco de Asís entre Nogales.* Capilla San Roque, La Cumbre Prov. de Córdoba. Fotografía: Pablo Guzmán

Imagen de solapa: *Christ and Abbot Mena o Icono de la Amistad.* Department of Egyptian Antiquities: Christian Egypt (fourth - twelfth centuries AD)

Armado y composición: Gerardo Miño. Suipacha, Prov. de Buenos Aires, Argentina.
Impresión: Imprenta Dorrego. Av. Dorrego 1102, CABA, Argentina.

MIÑO y DÁVILA
EDITORES

Página web: www.minoydavila.com.ar

Mail: minoydavila@gmail.com

Dirección: Miño y Dávila s.r.l.
Tacuarí 540.
(C1071AAL), Buenos Aires
Whatsapp (+54 9 11) 6226-7681

Dedicado a Ricardo Omar

a mi Familia

a mis Catequistas

a Fabián y a Hernán, compañeros de camino

Icono de la amistad
(Cf. Jn 15, 14-15)

* Christ and Abbot Mena o Icono de la Amistad.
Department of Egyptian Antiquities:
Christian Egypt (fourth - twelfth centuries AD)
http://www.louvre.fr/en/oeuvre-notices/christ-and-abbot-mena

Te adelantaste a elegirnos Señor Jesús,
y nos llamas amigos, si hacemos lo que nos mandas...
Nos pides una obediencia de amor.
Nos llamas amigos, no servidores;
porque nos das a conocer, lo que escuchaste del Padre.

Caminas a nuestro lado, incluso, cuando no te percibimos.
No impones tu presencia, pero estás, acompañas,
y eres humilde e incondicional.

Colocas tu brazo en nuestro hombro,
y nos invitas a caminar, a mirar hacia delante.
Como si nos susurraras al oído: "no temas, estoy contigo".
Lo que interesa, no es lo que queda atrás, sino, caminar...
Tu brazo sobre nosotros, no es dominante, sino un yugo suave, liviano.

Y en este caminar, Señor, sigues siendo la Buena Noticia.
Tú eres Palabra y Vida que se entrega generosamente.
Incluso, cuando recorremos otros caminos, o no te reconocemos,
Tú, sigues diciendo Sí...
Cuando contemplamos la Cruz,
podemos comprender hasta dónde llega tu amor por nosotros.

Tu mirada Señor, nos enamora, nos atrae y nos llama.
Pero también, tu mirada, nos cuestiona, nos ama y reconcilia.
Queremos permanecer mirándote,
porque tú nos miraste y nos amaste desde la eternidad.

Jesús, amigo nuestro,
tenemos la tranquilidad y la certeza de que podemos confiar
y depositar todas nuestras aflicciones y fracasos en ti...
tu cercanía y caminar sereno a nuestro lado,
nos fortalece y nos consuela.
Gracias por tu amistad,
no permitas que nuestras flaquezas y errores nos hagan pensar
que ya no nos amas... aleja de nosotros, el pensamiento
autodestructor y pesimista, y renueva nuestro corazón con
la alegría y la esperanza de una vida nueva.
Tú eres misericordioso y nos invitas a levantarnos y seguir caminando.

Sé, Señor, que puedo contar contigo...
ahora, Señor, tú, puedes contar conmigo...

ÍNDICE

INTRODUCCIÓN

Con el correr de los años fui descubriendo que a orar se aprende... y lo que aprendemos no es "a orar, propiamente", sino a dar lugar en el corazón a la acción del Espíritu Santo, que es el que forma la oración en él. Entonces, descubrimos que somos habitados por la Santísima Trinidad, y que con el tiempo debemos aprender a vivir de lo que hay dentro nuestro. Se nos impone, inmediatamente, una necesidad, saber escuchar, percibir, ser receptivos... Es un ejercicio que nos llevará, me atrevo a decir, toda la vida... pasar a ser hombres y mujeres que ya no viven desde la superficialidad, y pasan a vivir desde la interioridad... Lleva tiempo... y sobre todo, tiempos de silencio y soledad.

Para el creyente, orar debe ser tan importante y vital como comer o respirar... Por eso es tan importante que le dediquemos nuestro tiempo y esfuerzo. Escuchamos hablar de "técnicas" para orar, de "escuelas" de oración; también de prácticas para meditar, etc.; oramos cantando, con el Santo Rosario, con un libro, con los Salmos, con la Palabra, en medio de la naturaleza... Seas de la religión que seas, bebe de tu fuente, y si esa agua calma la sed de otro, compártela... pero sin generar confusión, sino ayudando a generar el deseo por el encuentro con Dios.

Nos dice el Catecismo de la Iglesia Católica:

"La oración es la vida del corazón nuevo. Debe animarnos en todo momento. Nosotros, sin embargo, olvidamos al que es nuestra vida y nuestro Todo. Por eso, los Padres espirituales, en la tradición del Deuteronomio y de los profetas, insisten en la oración como un «recuerdo de Dios», un frecuente despertar la «memoria del corazón»"[1].

Y continúa el Catecismo:

"La Tradición de la Iglesia propone a los fieles unos ritmos de oración destinados a alimentar la oración continua. Algunos son diarios: la oración de la mañana y de la tarde, antes y después de comer, la Liturgia de las Horas. El domingo, centrado en la Eucaristía, se santifica principalmente por medio de la oración"[2].

Debemos decir, entonces, que lo más importante no es cómo orar, sino ***querer orar***... y que esta oración sea continua.

El libro que tienes en tus manos intenta ser un instrumento para ayudarte en tu camino de oración. Encontrarás en él una serie de reflexiones que formaron parte de unos "ejercicios espirituales" para religiosas. Una vez un monje me dijo: *"el buen predicador se predica a sí mismo"*. Así surgió este libro, meditando y orando cada palabra... confrontándolas con mi vida y con mi consagración religiosa. Alguna vez compartí partes de estas meditaciones, y como vi que eran útiles las fui modificando... también las compartí con algunos laicos... y con el tiempo surgió esta propuesta:

1 CIC nº 2697.

2 CIC nº 2698.

darles forma para que muchos puedan utilizarlas en su propio camino de fe.

No es un libro para leer de corrido... Son meditaciones, cuyo objetivo es iluminar el propio proceso espiritual. Pueden serte útiles para hacer tu propio retiro espiritual. Verás que puedes utilizarlas aisladamente, porque cada una es un tema diferente al que sigue... pero a la vez, todas van de la mano y están relacionadas... es decir, puedes ir meditándolas día a día... cada una comienza con un texto bíblico, y concluye con un ejercicio. Y al final, te darás cuenta del camino que queda trazado, descubrirte en la presencia de Dios, invitado a detenerte y a escuchar, a trascender, a ahondar, a morir para resucitar... Y la oración será el lugar de este encuentro vital.

Por último, quiero agradecer a Pablo Guzmán, hermano y amigo, que me animó a dar el paso y ofrecerles este material. A José Luis Guirado, por acompañarme en gran parte de este camino. Y agradezco, por último, a fr. Claudio Bedriñán, ofm cap., por escucharme y acompañarme siempre, por su paciencia y cercanía. A todos ellos, Dios los bendiga abundantemente. ¡Gracias!

"Calla, silencia tu boca y tu interior...
espera y disponte para la escucha...".

CAPÍTULO 1

"Agudizar la escucha"

La propuesta es *retomar la clave de la escucha en nuestra vida*. Un movimiento del cual no debemos salirnos nunca. Es un modo de ser y de vivir nuestra vida. Una escucha obediente, atenta, que involucra toda nuestra vida...

> *"...Escucha, Israel, el Señor, nuestro Dios, es solamente uno. Amarás al Señor, tu Dios, con todo el corazón, con toda el alma, con todas las fuerzas. Las palabras que hoy te digo quedarán en tu memoria, se las inculcarás a tus hijos y hablarás de ellas estando en casa y yendo de camino, acostado y levantado; las atarás a tu muñeca como un signo, serán en tu frente una señal; las escribirás en las columnas y en las puertas de tu casa..."* (Dt. 6, 4-9).

Vivimos aturdidos, llenos de palabras, de información... Contamos con medios para informarnos y comunicarnos cada vez más sofisticados y modernos. Todo es un gran *ruido*; estamos "aparentemente" mejor comunicados e informados. La sociedad y los poderes económicos imperantes nos invitan, descaradamente y de manera avasalladora, a consumir y estar a la vanguardia, de lo contrario no estamos a la altura de las circunstancias y no tendremos proyección de futuro. Y este mecanismo parece no tener límites, y mucho menos algo que lo frene. Porque, lo que constatamos desde una mirada cristiana, es que deshumaniza y atenta contra los valores de justicia, solidaridad, fraternidad... etc., y mucho más: es contrario al modelo del Reino que Jesús vino a anunciarnos.

Lo que constatamos es que hay, dentro nuestro, una gran insatisfacción y vivimos un desencanto generalizado. Lo poco o mucho que hacemos para lograr encendernos se acaba pronto... No encontramos hombres y mujeres de Dios que logren contagiarnos e irradiarnos una vida según el Espíritu..., o por lo menos, cuesta encontrarlos...

Por otro lado, nos transformamos en "expertos" de la Palabra y de la palabra. Hablamos mucho de aquello que carecemos... Tenemos pobrezas no suficientemente elaboradas y masticadas.

¿Qué pasa que no somos significativos?

Hondamente rechazamos ser aquello a lo que estamos llamados. Lo acomodamos para que resulte llevadero. Vivimos sin profundidad nuestra vida. Y Dios vive eternamente anonadado; debemos aprender a vivir este proceso... Debemos agudizar la escucha... callar... silenciarnos... escucharnos... dejemos que todo lo que hay dentro fluya y salga a la superficie... no tengamos miedo de encontrarnos con ello... somos nosotros y nuestras propias pobrezas...

— *Propuesta de ejercicio* —

Bajo la escuela de la naturaleza, salgamos a su encuentro. Él es el Creador, yo soy creatura... Que la experiencia de escuchar y encontrarnos con ella nos entre por los sentidos, sin actividad racional... Hagamos silencio y tratemos de percibir y de contemplar... Permitamos que todo fluya y se nos complique... Busquemos un lugar de serenidad y de presencia... Debemos saber escuchar la respiración y las resonancias de todo lo que sucede...

"Atrévete a descender a tu corazón...
allí Dios te espera".

CAPÍTULO 2

"Habitar nuestro corazón"

"Señor, tú me sondeas y me conoces.
Sabes cuándo me siento o me levanto,
de lejos percibes mis pensamientos;
disciernes mi camino y mi descanso,
todas mis sendas te son familiares.
Aún no ha llegado la palabra a mi boca
y ya, Señor, la conoces toda.
Me estrechas por detrás y por delante,
apoyas sobre mí tu palma.
Tanto saber me sobrepasa,
es sublime y no lo abarco.
Tú formaste mis entrañas,
me tejiste en el seno materno.
Te doy gracias porque eres prodigioso:
soy un misterio, misteriosa obra tuya;
y tú me conoces hasta el fondo,
no se te oculta nada de mí.
Cuando en lo oculto era formado,
entretejido en lo profundo de la tierra,
tus ojos me contemplaban"

(Sal. 139 [138], 1-6, 13-15).

La Palabra se transforma en un lugar determinante en nuestra vida... Vamos a ella, nos encontramos con ella, ilumina nuestra vida. A través de ella reconocemos y experimentamos la presencia divina... y su acción providente. Más que leer un libro, nos encontramos con alguien... Y estamos llamados a ir con frecuencia al encuentro de quien nos habla y nos espera en la Palabra...

Con el tiempo, corremos el riesgo de transformarnos en "catedráticos o profesionales" de la Palabra... la usamos para justificar, o justificarnos, para fundamentar actitudes... es decir, corremos el riesgo de manipularla según nuestra conveniencia... Entonces se va generando un vacío interior cada vez más grande... Muchas de nuestras palabras surgen del vacío, de escuchar a Dios de a ratos, de pasada... Porque vamos abandonando este lugar de encuentro con Dios que es su Palabra... Ya no vivimos una profecía que venga de una soledad sonora, no la cultivamos, nos "edulcoramos" con palabras que no satisfacen, ni seducen...

BASTA de decir cosas que nosotros no nos creemos...
BASTA de mostrar algo que no es verdad...

Es probable que esa soledad e intimidad no se haya cultivado sobre una base sólida. El riesgo es vivir como si nada hubiera pasado. ¿Dónde tengo puesto mi deseo más profundo? ¿Desde dónde madura mi afecto? ¿De qué se nutre mi opción de vida? No tenemos que dejar de ir al desierto y a la soledad, tenemos que atrevernos a ir mar adentro... Tenemos que habitar nuestro corazón.

Todos hemos recibido del Creador un órgano que es el lugar de la oración: ***el corazón***. El relato de la creación cuenta cómo Dios creó al hombre y la mujer infundiendo en él su espíritu (o aliento) vital. El espíritu vital de Dios es, en nosotros, el manantial de la oración. Por eso, el Señor conoce nuestro corazón (Jn.

11, 20; Sal. 138, 2-23). Según las Sagradas Escrituras, el carácter propio de cada individuo está localizado en el corazón: de él salen los pensamientos, los pecados, las tendencias buenas y malas, envidia y celos, alegría, paz y misericordia. También el corazón puede expresar a toda la persona (Jos. 22, 5).

El corazón, en la antigua acepción del término, no se identifica con la inteligencia discursiva con la cual razonamos, ni tampoco con la sensibilidad con la cual nos volvemos hacia el otro, y mucho menos con la afectividad superficial que llamamos sentimentalismo. El corazón se halla en nosotros en un nivel mucho más profundo: ***es el núcleo más íntimo de nuestro ser, la raíz de nuestra existencia.***

En la vida diaria, nuestro corazón permanece "de ordinario" escondido. Apenas emerge a un nivel consciente. Vivimos, casi cotidianamente, inmersos en nuestros sentidos exteriores, nos perdemos en nuestras impresiones y sentimientos, en todo aquello que nos atrae o se opone a nosotros. Incluso, si queremos vivir a un nivel más profundo de nuestra propia persona, habitualmente nos desviamos hacia lo abstracto: sopesamos, componemos, sacamos conclusiones lógicas, imaginamos... Entre tanto, nuestro corazón duerme y no late al ritmo del Espíritu. Con frecuencia Jesús nos lo ha reprochado: nuestro corazón está ciego, endurecido y cerrado, es lento y perezoso, lleno de tinieblas, se ha embotado en los placeres y preocupaciones.

Volver a encontrar el camino que conduce al propio corazón es la tarea más importante que podamos realizar. En busca de un espacio interior *todavía desconocido*, el hombre es un "peregrino en busca de su corazón", de su ser más profundo. Allí Dios nos encuentra, y solo a partir de allí podemos nosotros encontrarnos con los demás. Allí Dios nos habla, y partiendo de allí también nosotros podemos hablar a los demás de Dios. El maravilloso mundo que nos espera en nuestro corazón merece un valioso esfuerzo.

Nuestro corazón duerme y hay que despertarlo, progresivamente durante toda la vida. La oración nos ha sido dada hace mucho tiempo, pero raramente se es consciente de eso. Las técnicas de oración no tienen otra finalidad que hacernos conscientes de lo que hemos recibido. La oración brota de la abundancia del corazón, según la expresión evangélica (Mt. 12, 34; Lc. 6, 45). La oración nos enseña a vivir de lo que hay dentro, en el interior de nosotros mismos.

— *Propuesta de ejercicio* —

Seguimos percibiendo. Vamos al silencio. Escuchamos. Bajamos al corazón... trato de percibir lo que hay en él... lo que él me expresa... siento la respiración, mantengo un ritmo que me permita bajar al interior... si me disperso, con serenidad, regreso, vuelvo a la respiración y a la quietud...

"Allí donde experimentaste el encanto del llamado,
de una invitación... allí debes volver,
donde respiraste por primera vez la frescura de
la novedad, la fragancia de la aventura evangélica".

CAPÍTULO 3

"Volver al primer encanto"

"Jesús se puso en camino, llegó uno corriendo, se arrodilló ante él y le preguntó: Maestro bueno, ¿qué debo hacer para heredar la vida eterna? Jesús le respondió: ¿Por qué me llamas bueno? Nadie es bueno, fuera de Dios. Conoces los mandamientos: no matarás, no cometerás adulterio, no robarás, no jurarás en falso, no defraudarás, honra a tu padre y a tu madre. Él le contestó: Maestro, todo esto lo he cumplido desde mi adolescencia. Jesús lo miró con cariño y le dijo: Una cosa te falta: ve, vende cuanto tienes y dáselo a los pobres y tendrás un tesoro en el cielo; después sígueme. Ante estas palabras, se llenó de pena y se marchó triste; porque era muy rico..." (Mc. 10, 17-22).

Debemos volver al encanto de Jesús, del llamado de Dios, de una propuesta de amor. Corremos el riesgo, en nuestra vida, a lo largo de los años, de acumular, de ir recolectando cosas, de apegarnos a lugares, a personas... el poseerlas nos da seguridad... hacemos nuestro nido... nos creamos necesidades; con el tiempo no podemos vivir sin ellas, nos esclavizan el espíritu y no nos dejan tomar decisiones libres. Nos adueñamos, poseemos... la pobreza y la austeridad pasan a ser unas desconocidas... Esto gana espacio en nuestro corazón y asfixia al Espíritu. Necesitamos volver al primer encanto... Hay un momento en nuestra vida en que despertamos a la vida del Espíritu, donde comenzamos a ver y a sentir diferente... debemos volver allí... recordarlo y actualizarlo.

Lo que no se asume, se lo culpa afuera... Lo que se critica afuera es que no se redime adentro... es decir, es un proceso duro y doloroso... pero necesario. Para alcanzar redención en todo mi ser debo detenerme, buscar la quietud, ir hacia el interior, aceptar y asumir todo aquello que está adherido a mí, y no me deja avanzar.

Según la observación de Evagrio Póntico, quien vive en la agitación y en las preocupaciones, en el ruido interior o exterior, se parece a una botella de agua turbia que ha sido agitada. Cuando la botella ha permanecido algún tiempo inmóvil, la suciedad se deposita y el agua queda clara y limpia. Igual sucede con nuestro corazón, que cuando encuentra la quietud, y un profundo silencio, irradia a Dios...

Él nunca cambió su amor y su elección por nosotros... nos espera en un silencio habitado. Ése que nosotros debemos saber descubrir y del cual no debemos irnos nunca.

Cuando nos damos cuenta dónde estamos parados, lo retirado que estamos, él se descubre presente, siempre presente.

> *"Lo que fascina de Dios es su humilde presencia. Él nunca castiga, nunca hiere nuestra dignidad. No tira de la soga para ser obedecido. Cualquier gesto autoritario desfiguraría su rostro. La impresión de que Dios viene a castigar es uno de los mayores obstáculos para la fe. Cristo, sencillo y humilde de corazón, no fuerza nunca la mano de nadie"*[3].

---

3. Hno. Roger de Taizé, *Las fuentes de Taizé. Amor de todo amor.*

Es probable que nunca hayamos cultivado la soledad y la intimidad con Dios en una base sólida. El riesgo es vivir como si nada estuviera pasando. ¿Dónde tengo puesto mi afecto? ¿Desde dónde madura? ¿De qué se nutre? No tenemos que dejar de ir a la soledad y al desierto... debemos animarnos a ir cada vez más adentro.

Constatamos que falta pasión por vivir nuestra vida, nos encontramos con muchas insatisfacciones, impotencias no confesadas, niveles altos de ansiedad... todo esto es síntoma de algo más profundo... ¡Anímate a avanzar e ir más adentro!

— Propuesta de ejercicio —

Seguimos percibiendo. Vamos al silencio. Escuchamos. Bajamos al corazón. Y nos preguntamos: ¿tengo creado mi nido? ¿Cuáles son mis desencantos? ¿Cómo aparecen? ¿Cómo me afectan? Escríbelos...

CAPÍTULO 4

"Lo bueno y lo malo que hay dentro"

"No hay árbol bueno que de fruto malo, ni árbol malo que de fruto bueno. Cada árbol se conoce por sus frutos. Porque de los espinos no se recogen higos ni de las zarzas se cosechan uvas. El hombre bueno saca el bien del buen tesoro de su corazón; y el hombre malo, de su mal corazón saca lo malo. Porque de la abundancia del corazón habla su boca" (Lc. 6, 43-45).

Debemos decir, entonces, que el principal enemigo que nos impide vivir según Dios está dentro. Cada uno tiene en sus manos la insustituible posibilidad de amar o de odiar, de construir o destruir, de ser signo de esperanza o de fracaso. Es decir, hay en nosotros un "yo falso" que no termina de pasar por el ***"yo de Jesús"***. Está dentro y en algún momento debe **resurgir**.

Para conocer mi corazón debo detenerme y mirar... en él hay un lugar para la misericordia pero también puede haber lugar para el rencor... Un monje cisterciense anónimo del siglo XII dice al respecto: *"el conocimiento de tu pecado es el comienzo de la salvación"*. Quien se conoce y sabe de la tierra que está hecho aprende a mirarse y a mirar con compasión. Siempre tenemos que volver al origen, somos tierra y aliento divino.

Este mismo autor continúa...

"no soportes en tu corazón el mal pensamiento, recházalo en seguida; de otro modo, da a luz la delectación; la delectación lleva al consentimiento, el consentimiento a la acción; ésta al hábito, el hábito a la necesidad, la necesidad a la muerte (...) Cuando oras, llamas a ti al Espíritu Santo, pero has de saber que a la oración la forma el corazón, no los labios: Dios mira el corazón (...) Alma mía, si quieres que el Señor te ame, establece de nuevo en ti su imagen, y él te querrá con ternura; transfórmate según su semejanza y deseará venir a ti. Conoce en ti la imagen venerable de la Santísima Trinidad. Puedes darla a luz en tu corazón y en el corazón de los otros. Puedes concebirla de tu corazón y de la boca de otro. La engendras, eres padre, la concibes, eres madre"[4].

Nos preguntamos: ¿desde qué nivel miro la vida? (*"donde está tu tesoro, está tu corazón"*).

- Desde los roles que asumo (autoritario, exigente, posesivo, controlador...).
- El mundo de las relaciones que nos configuran (víctima, héroe, relajado...).
- Las necesidades: de autonomía, sexuales, de éxito, ser querido y amado, de exhibicionismo...
- Sentimientos de inferioridad.
- Seguridades...

---

4. Cisterciense anónimo del s. XII, *Tratado de la morada interior.*

Cuando no logramos armonía en estos niveles, cuando todo se oscurece, hay crisis. Si esto no pasa por nuestras manos, si no logro discernir y asumir esto que soy, no puedo darme bien a los demás; o mejor dicho, lo que daré será pedazos de mí, pero no seré yo de una manera plena e integrada.

Lo que debo lograr es un proceso de ***transformación***, y este proceso es "*dramático*". Un apotegma de los padres del desierto demuestra esta pedagogía: *"Un discípulo le pide a su maestro: háblame de Dios... su maestro le responde: háblame de tus pasiones"*. Dios acontece en medio de este proceso e ilumina nuestras tinieblas con su luz. Decía San Agustín: *"Jesucristo, luz de mi corazón, no dejes que mis tinieblas me hablen"*. Te invitamos a que ores con esta frase de San Agustín...

— *Propuesta de ejercicio* —

Seguimos percibiendo. Vamos al silencio. Escuchamos. Bajamos al corazón. Nos miramos dentro y tratamos de respondernos... ¿Qué hay en mi corazón? ¿Nos hacemos un mundo a nuestra medida? ¿Cuáles son mis descontentos? ¿Cuáles son mis gritos y mis insatisfacciones profundas no asumidas? Escuchamos... y las oramos.

CAPÍTULO 5

"Permanecer en Jesús"

"Yo soy la vid verdadera y mi Padre es el viñador. Él corta los sarmientos que en mí no dan fruto; los que dan fruto, los poda, para que den aun más. Ustedes ya están limpios por la palabra que les he anunciado. Permanezcan en mí, como yo permanezco en ustedes. Así como el sarmiento no puede dar fruto por sí solo, si no permanece en la vid, tampoco ustedes, si no permanecen en mí. Yo soy la vid, ustedes los sarmientos: quien permanece en mí y yo en él dará mucho fruto; porque separados de mí no pueden hacer nada. Si uno no permanece en mí, lo tirarán afuera como el sarmiento y se secará: los toman, los echan al fuego y se queman. Si permanecen en mí y mis palabras permanecen en ustedes, pedirán lo que quieran y lo obtendrán. Mi Padre será glorificado si dan fruto abundante y son mis discípulos. Como el Padre me amó así yo los he amado; permanezcan en mi amor. Si cumplen mis mandamientos, permanecerán en mi amor, lo mismo que yo he cumplido los mandamientos de mi Padre y permanezco en su amor. Les he dicho esto para que participen de mi alegría y sean plenamente felices. Éste es mi mandamiento: que se amen unos a otros como yo los he amado. Nadie tiene amor más grande que el que da la vida por los amigos. Ustedes son mis amigos, si hacen lo que yo les mando. Ya no los llamo sir-

vientes, porque el sirviente no sabe lo que hace su señor. A ustedes los he llamado amigos porque les he dado a conocer todo lo que escuché a mi Padre. No me eligieron ustedes a mí; yo los elegí a ustedes y los destiné para que vayan y den fruto, un fruto que permanezca; así, lo que pidan al Padre en mi nombre, él se lo concederá. Esto es lo que les mando, que se amen unos a otros" (Jn. 15, 1-17).

Para lograr permanecer en Jesús, debo ***querer*** estar con él, más que con cualquier otra persona. Nadie más ocupa mi deseo, más que él y solo él. Debo cultivar en mi corazón la filiación amorosa que me une a él. Sabiendo que, de antemano, él ya nos eligió y nos amó... solo debo responder...

No puedo estar en la vida permaneciendo en la comodidad y en la indiferencia; es decir, "¡mientras yo esté bien, el resto que se arregle!". Tampoco puedo tener como objetivo, solamente, alcanzar un mayor confort, sin interesarme lo que viven, o cómo viven los demás... Si decido seguir a Cristo y vivir según las exigencias del Evangelio mi camino será de ***penitencia y de conversión***. He dejado de ser un *yo egoísta* para pasar por el *yo de Jesús*. Mi vida necesariamente está llamada a ser diferente. ***Debo irradiar a aquel con quien me identifico.***

"Dime qué miras y te diré quién eres".

"Dime qué es lo que ocupa más tiempo en tu vida, y te diré en que te convertirás".

"Muéstrame en qué pasas tu tiempo y te diré qué es lo que llegarás a ser".

Si queremos dar frutos verdaderos, debemos permanecer en Jesús en una unidad fiel. Esta permanencia tiene lugar en una relación de amor con él. No debo añorar otra cosa más que habitar en él. Los placeres del mundo van ganando lugar en nuestro corazón y nos permitimos ciertas licencias para hacer más placentera nuestra vida, y nos vamos engañando hasta tener un gran vacío que solo se ha llenado con insatisfacciones y desencantos. Ordenemos nuestras prioridades... luego, nos será más fácil saber, dónde y cómo estamos... y hacia dónde vamos o queremos ir... establezcamos el centro... lo demás llegará por añadidura, parafraseando las palabras del Evangelio.

Al permanecer en él obtenemos lo que queremos y necesitamos. Debemos pedirlo con confianza y transparencia. Sus palabras estarán en nosotros. Viviendo en el amor, él permanece en nosotros... por otro lado, las palabras de Jesús son claras, "fuera de mí, no pueden producir frutos".

Cuando amamos de verdad estamos dispuestos a obedecer, a cumplir con los mayores sacrificios, a escuchar y ser fiel aunque se presenten muchas fallas humanas. Si no es así... no estamos en el camino del amor. La iniciativa fue de Jesús, él nos eligió y nos quiso como hermanos y discípulos. Tenemos que saber corresponder a ese amor tan grande. Permaneciendo en él me será más fácil corregir mis errores, reconocerlos, y caminar hacia un cambio interior... porque todo se realizará desde el amor... Sé paciente y permanece en Jesús... espera y no desesperes... su amor por ti es tan grande que no admite olvido... ¡él está siempre!... tú... ¿serás capaz de estar siempre con él?...

— *Propuesta de ejercicio* —

En silencio, logro reubicarme frente a Dios... y me pregunto: ¿en qué paso la mayor parte del tiempo? ¿Qué es lo que miro y contemplo con más frecuencia? ¿Te animas a establecer un nuevo orden, de un día en tu vida? ¿Cómo te gustaría que fuese?... Permanezco en silencio delante del misterio, escucho y contemplo... Siento mi respiración, mis latidos... armonizo con ellos... busca un lugar tranquilo, y si es posible, silencioso...

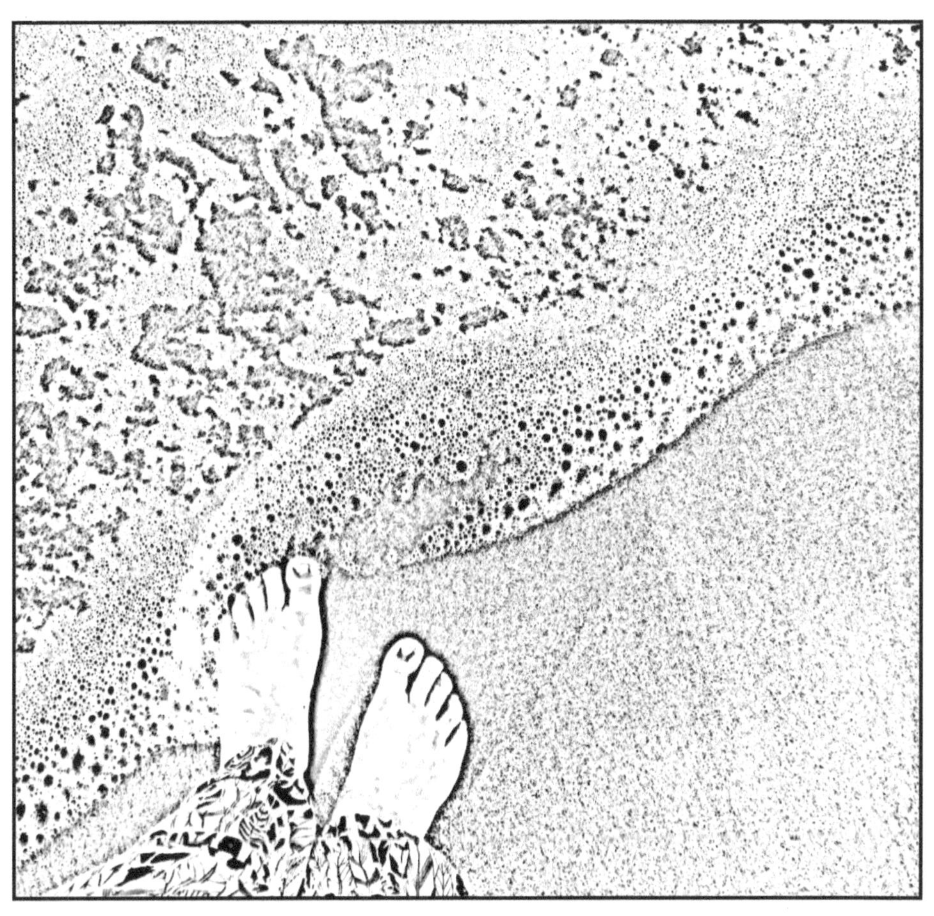

"El amor crucificado de Dios hiere nuestra omnipotencia y destruye nuestra soberbia... no temas, espera y confía... él tiene un propósito, hacer más humilde tu corazón".

CAPÍTULO 6
"¿Quién dicen que soy?"

"Jesús emprendió el viaje con sus discípulos hacia los pueblos de Cesarea de Filipo. Por el camino preguntó a los discípulos: ¿Quién dice la gente que soy yo? Le respondieron: Unos que Juan el Bautista, otros que Elías, otros que unos de los profetas. Él les preguntó a ellos: Y ustedes, ¿quién dicen que soy yo? Respondió Pedro: Tú eres el Mesías. Entonces les ordenó que a nadie hablasen de ello" (Mc. 8, 27-30).

Podemos decir que la pregunta por la identidad de Jesús queda aclarada con la respuesta de Pedro. Muchos se preguntaban: *"¿Quién es éste?"*. Y por el temor a que lo confundieran con un mesías nacionalista y triunfalista Jesús manda a sus discípulos a que no lo digan a nadie.

De Galilea (donde todo comenzó) hasta aquí, todo fue alegría, milagros, multitudes que siguen al maestro aprobando sus signos y prodigios. Podemos decir que hasta acá la misión es todo un "éxito pastoral". Los discípulos están felices de haber respondido al maestro y de seguirlo... ¡de ser partícipes de esta experiencia única! Pero la pregunta de Jesús en Cesarea de Filipo invita a ir más adentro en el proceso de personalización de la fe... inmediatamente Jesús los prepara para ***el fracaso***; y Pedro, que fue el primero en responder acertadamente, es el primero en hacer el camino inverso. Lo relata el mismo Evangelio, en los versículos subsiguientes.

La herida que causa el Evangelio (Buena Noticia), se da en nuestra *"impotencia"*... sabemos *"que no podemos"*. Jesús provoca nuestros deseos, mide el nivel de control, de dominio, que tenemos de nosotros mismos. Lo que hasta este momento parecía tan seguro... luego, ya no lo es...

No basta con la autorrealización. A partir de acá, muchos lo van a empezar a dejar... se alejan... ya no hay más aplausos y éxitos... (cfr. Jn, 6, 66). Luego del discurso del pan de vida, dirán: *"que duras son estas palabras"*. Y Jesús mirando a sus discípulos les preguntará si también ellos quieren dejarlo... nuevamente Pedro dirá: *"¿A quién iremos Señor?, tú tienes palabras de vida eterna"* (Jn. 6, 68). Cuando no me dicen lo que quiero y espero, en vez de buscar la apertura y el crecimiento, vuelvo a mis esquemas anteriores... tengo miedo de dar el paso a la transformación... me cuesta esperar y perseverar...

Si nos encontramos en este momento de nuestras vidas notaremos que comienza a darse una lucha con Dios... y es de ***poder***. Me cuesta dejar el mando y el manejo de mi vida a él. O entramos en este proceso de herir nuestra ***omnipotencia*** y entrar en la ***impotencia***, o empiezo a regatear la entrega de mi propia vida... Por eso lucho. (Por ejemplo: con mis superiores, con mis hermanos, con mi pareja, con mi jefe, etc.). Todos estamos llamados a ser discípulos y a pasar por la pedagogía del no-poder. Pero los discípulos se resisten... nosotros también nos resistimos. En el fondo, también nosotros nos resistimos al camino de la cruz; hiere nuestro deseo de realización... en un mundo de éxitos, prestigio y poder... la Cruz no tiene lugar. Ofrecemos tres claves de interpretación de este camino:

1ª clave:
PRESENCIA - *(Galilea):*

Donde todo comienza, hay un llamado y una certeza: él está, lo vemos, lo experimentamos, sus obras, su "presencia" tan fuerte y atrayente... y un lugar, Galilea... también puedes ubicarlo en tu vida... aquel lugar significativo de presencia... es momento de alegría, felicidad, de expansión...

2ª clave:
AUSENCIA - *(Cesarea de Filipo):*

Es el momento de nuestro texto... una pregunta, todo entra en duda... es el momento del discernimiento, de volver a resituarnos y resignificarnos... de la crisis... momento que denota ciertas características de "descenso a los infiernos"... podemos sucumbir, desesperarnos... juzgar y criticar, culpar afuera... o, esperar, perseverar... orar y confiar... seguir camino... también podemos identificar, lugares, acontecimientos y personas que tienen que ver con este proceso...

3ª clave:
TRANSFORMACIÓN - *(Hasta los confines del mundo):*

Hacemos referencia aquí al texto de los Hechos de los Apóstoles (Hch. 1, 8). Es el momento de los frutos, luego de un arduo proceso, y que lleva tiempo y exige dedicación por parte nuestra. Notamos un cambio en nosotros... lo fuimos experimentando en el camino, pero ahora es el momento de notarlo con más claridad. Fue Dios el que obró y me transformó. Cuando quise tomar la iniciativa y ponerme objetivos y ordenarme... El Señor se encargó de mostrarme que es él quien da la forma nueva... Ahora sí, puedo continuar, "hasta los confines del mundo", con su ayuda, con su gracia...

— Propuesta de ejercicio —

Dejo ir TODO, lo suelto todo... me abandono en sus manos, es decir... no le pido, ni le agradezco NADA, solo estaré frente a él... escuchando mi silencio... mi respiración... ofreciéndome... me desprendo de todas aquellas situaciones de las cuales me creo dueño, con poder sobre ellas... perdono, me perdono... me dejo perdonar... En su presencia solo puedo darme... ¿Cómo incorporo el deseo de la Cruz en mi vida? Te invitamos a transitar estas claves de interpretación... escribe todo lo que te surja... luego de hacerlo, vuelve sobre ello, reconócelo, asúmelo y preséntaselo al Señor en una oración confiada... Si logro vaciarme, podré hacer lugar para él en mi vida...

"Anímate a ir más adentro,
excava en tu interior...
canta, alaba, bendice a Dios
por todo lo que vayas encontrando...
pronto te hará ver
con más claridad".

CAPÍTULO 7

"Educar el deseo"

"El Señor es mi luz y mi salvación:
¿a quién temeré?
El Señor es el baluarte de mi vida:
¿de quién me asustaré?
Si me acosan los malvados para devorar mi carne,
Ellos, mis enemigos y adversarios, tropiezan y caen.
Si un ejército acampa contra mí, mi corazón no teme;
aunque me asalten las tropas, continuaré confiando.
Una cosa pido al Señor, es lo que busco:
habitar en la casa del Señor
todos los días de mi vida;
admirando la belleza del Señor,
y contemplando su templo.
Él me cobijará en su cabaña en el momento del peligro,
me ocultará en lo oculto de su tienda,
me pondrá sobre su roca.
Entonces levantaré la cabeza sobre el enemigo
que me cerca.
En su tienda ofreceré sacrificios entre aclamaciones,
cantando y tocando para el Señor.
Escucha, Señor, mi voz que te llama,
ten piedad de mí, respóndeme.
Busquen mi rostro. Mi corazón dice:
Tu rostro buscaré, Señor: no me ocultes tu rostro.
No rechaces con ira a tu siervo,
que tú eres mi auxilio; no me deseches,

no me abandones,
Dios de mi salvación"

(Sal. 27 [26], 1-9).

Nuestro único deseo debe ser que seamos conscientes de que en lo profundo de nuestro corazón Dios nos habita y nos espera... Contemplarlo a él y solo a él... La respuesta que demos a la pregunta de Jesús: *"Para ustedes, ¿quién soy yo?"*, debe brotar de este deseo profundo. Desde este lugar de intimidad con él.

Para profundizar un poco más en el tema del deseo, mejor definamos la palabra:

"El deseo, o el desear, significa concentrar-canalizar todas la energías hacia algo importante en sí, y central para mi propia vida".[5]

Por lo tanto, no es un impulso ciego, o "unas ganas locas" de algo, sino ***una tendencia significativa hacia algo apreciado en sí mismo***. No es un simple quedar impresionados o extasiados por algo agradable, sino ***aspirar con todas las fuerzas hacia algo que vale en sí mismo para mí.***

Un deseo está hecho sustancialmente de ***verdad y libertad***. Es decir, de la capacidad de percibir algo como intrínsecamente significativo, bueno y bello en sí; y de sentirlo luego como tal para mi propia vida, experimentando en sí mismo su atracción. Por lo tanto, no es sensación o seducción subjetiva incontrolada, sino capacidad de descubrir algo como rico de sentido.

La atracción nace de la síntesis entre verdad objetiva y libertad subjetiva, y es tanto más fuerte cuanto

---

5 Cencini, A., *El mundo de los deseo. Orientaciones para la dirección espiritual*, Ed. Paulinas 1998, 15.

más intensa es la conexión. Por esta razón se puede perfectamente decir que la capacidad de desear y la calidad de los deseos son índice de la libertad interior del individuo.

El deseo señala el límite existencial de la criatura, y, en otro sentido, indica su vocación trascendental. En el deseo auténtico se activa una nueva sensación de insatisfacción: el deseo crece mientras se realiza, y cuando se realiza hace sentir una nueva insatisfacción.

El deseo madura y se refuerza en la tensión hacia su objetivo; no se detiene antes de alcanzarlo, contentándose con algo inferior, y resiste a la frustración de no poseer inmediatamente el objeto deseado. El deseo se cumple no cuando el objeto es poseído, sino cuando aquel que desea decide tender hacia el objeto concretando la energía de la tensión. El deseo auténtico lleva a la ***decisión***, impulsa a actuar consecuentemente. El deseo que no lleva a la decisión es inconstancia estéril y ficción engañosa: la decisión sin deseo es voluntarismo que no convence y que no puede durar mucho tiempo.

Dice San Gregorio Magno, comentando el pasaje bíblico acerca de la visita de la Magdalena al sepulcro:

> *"Buscó, entonces, una primera vez, sin encontrar; perseveró buscando, y le fue dado hallar. Sucedió así que sus deseos, prolongándose en el tiempo, crecieron, y creciendo alcanzaron el objeto de sus búsquedas. Los santos deseos crecen al dilatarse el tiempo de la espera. Si, por el contrario, en el tiempo de espera se debilitan, es señal de que no eran verdaderos deseos".*[6]

---

6 Gregorio Magno, *Omelie sui Vangeli.* Homilía 25, 1-2. 4-5; PL LXXVI, 1189-1193, citado por Cencini, A., *El mundo de los deseo. Orientaciones para la dirección espiritual*, Ed. Paulinas 1998, 20.

Dice San Agustín:

"Dios va acumulando lo que no quiere darte en seguida, para que aprendas a desear grandemente las cosas grandes".[7]

¿Cómo educar el deseo? Educar en el sentido etimológico del término *"E-ducere"*, *"sacar fuera"*. Este viaje parece sumir características y perfiles de una bajada a los infiernos, porque expone a uno a la visión de sus propias pasiones y de todo lo que quizás no pensaba encontrar dentro de sí; otras veces, por el contrario, será como un regreso a casa, a sus propias raíces, a aquel santuario interior que existe en nuestro corazón, donde Dios está presente.

Para lograr esto proponemos un movimiento interior: *excavar el deseo*, para llegar al descubrimiento de su verdad. Excavar es identificar su historia: descubrir su origen, remontado inclusive los años a lo largo de la experiencia de vida. Es responder a la pregunta: ¿Qué hay detrás de este deseo? ¿Qué dice acerca de mi vida? ¿Es realmente lo que aparece o hay algo más profundo?

Aquí analizo comportamientos, actitudes, sentimientos, para llegar a identificar las motivaciones profundas. Tenemos que estar dispuestos a hacer este camino, con mucha paciencia, prestando atención y recorriendo mi propia historia.

Y aquí, la oración es el lugar por excelencia para esta excavación del deseo. La perseverancia en la oración lleva normalmente a esta conciencia. Orar quiere decir ponerse frente a la verdad de Dios en la verdad de sí mismo: son las dos polaridades de la oración, ambas indispensables para que ésta sea auténtica.

---

7 San Agustín, Sermón 61, PL XXXVIII, V, 411.

La oración es también lucha, tensión... sufrida excavación de las ambiciones de uno mismo para acoger expectativas, demandas, deseos de Dios.

Por eso, en los encuentros de Jesús con las personas enfermas que se acercan para pedir ser curadas, él les responde preguntándoles qué es lo que quieren que haga por ellos. Parece una pregunta inútil, siendo que la situación es tan evidente. Jesús quiere que estas personas se interroguen a sí mismas y tomen conciencia de sus reales deseos; partiendo del pedido de curación física, perciban lo que es más necesario pedir, siendo que la salud física es únicamente una señal y una parte de algo más integral.

— Propuesta de ejercicio —

Voy al silencio, trato de escuchar y logro reubicarme frente a Dios... y me pregunto: ¿Qué es lo que realmente desea mi corazón? Al excavar en mis deseos, ¿logro reconciliarme con mi historia? Los deseos que fui teniendo en mi vida, ¿son verdaderos deseos? ¿Pusieron una base sólida a mi vida? Sigo percibiendo todo... escucho, respiro con serenidad, siento el latir de mi corazón... doy gracias a Dios por todo lo que aparece...

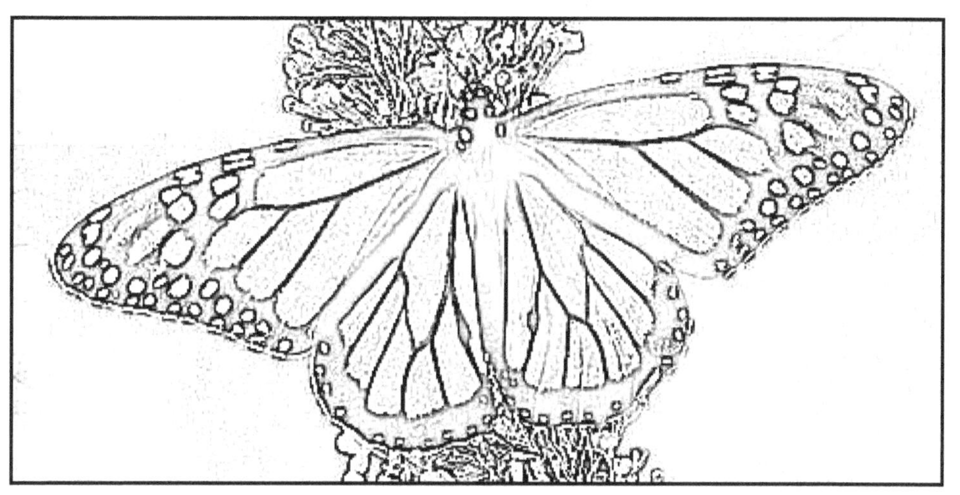

"Si te abandonas haz de abrir tu vida
a una plena y progresiva desposeción de ti mismo.
Es Dios quien está obrando en ti".

CAPÍTULO 8

"Despojo y vaciamiento"

"Tengan los mismos sentimientos de Cristo Jesús, quien, a pesar de su condición divina, no hizo alarde de ser igual a Dios; sino que se vació de sí y tomó la condición de esclavo, haciéndose semejante a los hombres. Y mostrándose en figura humana se humilló, se hizo obediente hasta la muerte, y una muerte de cruz. Por eso Dios lo exaltó y le concedió un nombre superior a todo nombre, para que, ante el nombre de Jesús, toda rodilla se doble, en el cielo, la tierra y el abismo; y toda lengua confiese: ¡Jesucristo es Señor!, para gloria de Dios Padre" (Flp. 2, 5-11).

Hemos comenzado a caminar hacia Jerusalén. Luego de la pregunta de Jesús en Cesarea, el camino ya es diferente, los discípulos han comenzado a preguntarse: *"¿Haber hecho semejantes signos y prodigios para terminar padeciendo?"*. Comienza una etapa de *purificación de las motivaciones.*

De a poco tendrán que abandonarse en la voluntad de su maestro. El abandono exige un constante dar, o darse, para poder crecer. ***Si te abandonas, haz de abrir tu vida a una plena y progresiva desposesión de ti mismo***. *Es la pobreza de alma...* Esta pobreza tiene una doble perspectiva: es una realidad ascética de esfuerzo, lucha y atención personales pero, fundamentalmente, ***es una obra de Dios en ti.*** Él la realiza siempre con gran amor, aunque a ti te pueda parecer costosa y de cruz.

Con el crecimiento del abandono se irá produciendo en ti una gran libertad interior. Para entrar en "tierra de Dios" necesitas estar muy libre de ti mismo, con las velas de tu barca plenamente desplegadas al soplo del Espíritu Santo. El abandono te llevará a una aceptación plena y gozosa de la voluntad del Padre por incomprensible que ésta te parezca. Algunas veces sentirás a Dios cerca..., cerca en tu vida, cerca en tu oración. Y en otras tendrás la impresión de que está muy lejos. ***Sin embargo, el que se ha abandonado cree estar en las manos del Padre y esto le basta.***

El abandono exige también ***confianza***. Una confianza asentada en la firme convicción: *"Dios es amor. Dios me ama. Dios me ama en la cruz. Dios me ama en el gozo"*. No debo temer dejar el manejo de mi vida a él.

Esta búsqueda comienza y prosigue por la ***ascesis***. En el griego clásico, ascesis significa ejercicio, entrenamiento. Se trata de probar en nuestra propia carne cuán débiles somos y de gustar y experimentar la gracia de Dios. Sin ascesis, el hombre interior está condenado a la ***inautenticidad***. No es la ascesis un *objetivo*, sino un *medio*. Contentarse con una ascesis exterior concerniente solamente al cuerpo es insuficiente. ¿Para qué privarse de alimentos si el corazón no ayuna, si los pensamientos se multiplican? Los ***"yoes"*** son numerosos: cuando uno de ellos parece muerto, otro surge. La ascesis es un perpetuo desapego que necesita una disciplina en la manera de vivir, de nutrirse, de dormir y también de divertirse, de trabajar, de leer, de pensar y de comportarse con los demás. Así, la ascesis continua tiene como resultado un perfecto dominio de sí. ***La falta de dominio de nuestra voluntad significa que no somos dueños de nosotros mismos.*** Y cuando no somos dueños de nosotros mismos, vivimos en un gran desorden, sin rumbo, y sin objetivos... "otros" nos dirigen...

Este proceso se acompaña de una ***oración constante***. Es una perpetua liturgia en el interior, que en su cumbre se vuelve silenciosa. Es disposición a recibir la "gracia" sin la cual ningún paso en la vida interior podría efectuarse. El silencio es despojo, renuncia a todo proyecto o deseo, tendencia o pensamiento, que no puedan integrarse en el impulso del Espíritu que ora en nosotros.

A causa de la perseverancia progresiva producida por la ascesis, la oración, la meditación, la calma del cuerpo, del intelecto y del corazón, el ego comienza a fundirse, después se derrite; ya no estamos preocupados por nosotros mismos. Atravesamos así "la noche" descrita por Juan de la Cruz. Nada nos atrae y todo nos parece insípido. La necesidad de asistir a la agonía de nuestro yo puede parecer dolorosa; sin embargo, los autores espirituales recomiendan no vacilar durante esta transformación. Esta agonía conduce a la pobreza, al desapego y sobre todo al abandono de la voluntad propia. Cuando el hombre abandona su yo, o más bien sus ***yoes***, la alegría surge...

Nos damos cuenta que poco a poco nuestro interior debe estar vacío, despojado, para que sea verdadera tierra abonada y preparada para que Dios acontezca y obre en mí.

En todo este proceso necesitamos del acompañante espiritual, "solos no podemos". El encuentro con un ser de luz es a veces el estímulo necesario para provocar el viaje de la interioridad. Cuando un discípulo ha penetrado realmente en su dimensión de profundidad, incluso en su ausencia, el maestro espiritual se le hace presente. Una experiencia espiritual sin acompañamiento, corre peligro...

Abba Poimén dice: *"La voluntad propia levanta un muro de bronce entre Dios y nosotros"*. Y Doroteo de Gaza afirma: *"Nada es más dañino que la autodirección, nada más fatal... Nunca me he permitido seguir una idea sin pedir consejo"*.

Por último, ¿cómo podemos acompañar estos procesos? Escuchemos nuevamente lo que dice Abba Poimén, uno de los más célebres abades del desierto de Egipto:

> *"Un monje preguntó: Viven conmigo varios hermanos, ¿debo darles órdenes? En modo alguno, respondió el abad. Obra tú como debes; si quieren vivir de verdad, te verán. Pero el hermano respondió: Pero ellos desean que les dé órdenes precisas. Poimen respondió: Sé para ellos un modelo, no un legislador".*

— *Propuesta de ejercicio* —

Nuevamente en el silencio y en la escucha de la oración, me pregunto: ¿Qué significa para mí, despojarme y vaciarme? ¿De qué debo despojarme y vaciarme? ¿Logro abandonarme en Dios o me cuesta dejarme guiar? ¿Someto a discernimiento mi propia voluntad o dejo que ella me guíe? Es bueno, que todo lo que vaya surgiendo, lo escribas, y lo vuelvas a retomar... no te olvides, hacemos camino...

CAPÍTULO 9

"Purificación y reconciliación"

"Ten piedad de mí, oh Dios, por tu bondad,
por tu inmensa compasión borra mi culpa,
lava del todo mi delito y limpia mi pecado.
Porque yo reconozco mi culpa,
y tengo siempre presente mi pecado.
Contra ti, contra ti solo pequé,
cometí la maldad ante tus ojos;
así serás justo cuando juzgues e irreprochable
cuando sentencies.
Mira, culpable nací, pecador me concibió mi madre.
Tú quieres la sinceridad interior y en lo íntimo
me inculcas sensatez.
Rocíame con el hisopo y quedaré limpio,
lávame y blanquearé más que la nieve.
Hazme sentir, gozo y alegría,
salten de gozo los huesos quebrantados.
Aparta de mi pecado tu vista y borra todas mis culpas.
Crea en mí, oh Dios, un corazón puro,
renueva en mi interior un espíritu firme;
no me arrojes lejos de tu presencia
ni me quites tu santo espíritu;
devuélveme la alegría de tu salvación,
afiánzame con tu espíritu generoso"

(Sal. 51 [50], 1-14).

Una vez que hemos comenzado a transitar el camino del despojo y vaciamiento... que puede durar mucho tiempo... llega el abandono confiado... y tras él se abren las puertas de la purificación y la reconciliación. Una vez situados frente a Dios, hacemos la experiencia de la misericordia, somos perdonados... y ese perdón sana y libera. La lectura y oración del Salmo 50 pueden ayudarte a profundizar esta idea.

Esa es la verdad del publicano, que se presenta ante Dios sin máscaras y ruega: *"¡Dios mío! Ten piedad de mí, que soy un pecador"*. Y lo sabemos, Jesús no ha venido por los justos sino por los pecadores (Mt. 9, 13). Y el que no presienta hasta qué punto es pecador no puede encontrar a Jesús. Según las palabras de Jesús, los publicanos y las prostitutas nos precederán en el Reino de Dios (Mt. 21, 31). Quien conoce su pecado y lo confiesa puede ser curado y levantado, pero el que lo enmascara se engaña a sí mismo.

Por eso, en cierto momento, ya no hay diferencia entre el pecador y el santo, porque ***el santo no es más que un pecador convertido y es esto antes que cualquier otra cosa. Y todo pecador es un santo en potencia***. La oración por excelencia de los santos es: *"Señor ten piedad"*, ante Dios no pueden hacer otra cosa que reconocer su indignidad.

Dice Isaac el Sirio:

"El que conoce su pecado es más grande que el que resucita a un muerto. El que llora una hora sobre sí mismo es más grande que el que enseña al mundo entero... El que conoce su debilidad es más grande que el que ve a un ángel... El que sigue a Cristo en secreto y con arrepentimiento es más grande que el que goza de una gran reputación en las iglesias".

La conversión es un volverse totalmente, es una conmoción del corazón. Despliega en lo más profundo un proceso espiritual, gracias al cual el corazón se libera de toda dureza y rigidez; abandona el egoísmo y la ambición. Se libera de sí y se abandona a Dios. Quien permanece en la conversión, adquiere el verdadero conocimiento de Dios.

Existe un agotamiento, que no es físico, sino más bien moral y espiritual. Se impone cada vez que constatamos que el esfuerzo ascético supera nuestra generosidad y nuestras fuerzas. O también, cada vez que la respuesta esperada de Dios no nos llega automáticamente, ni según nuestros esfuerzos.

En los antiguos textos monásticos se denomina a esto, ***ascedia***. Ésta representa la tentación que ataca a la persona hasta en sus raíces y fundamentos.

Evagrio Póntico describe a la ascedia como un estado de desconcierto total en el que se pone en cuestión hasta la misma vida. Puede abatir todo, incluso cegar los ojos del corazón. Lleva consigo todas las pruebas, aprieta al alma entera y ahoga el espíritu. Es muy peligrosa: cuanto más dura, más sutil se hace.

¿Qué actitud tomar en el corazón de esta crisis?

Todos los padres antiguos dan un mismo consejo: *persevera, no cedas, no abandones el lugar de oración. Cuando la angustia alcanza su punto extremo, la gracia de Dios viene a morar en el corazón, aunque no sabe a quién más encomendarse, no hay que desesperar.*

Dice Evagrio:

"No tengas miedo y no trates de evitar este período de lucha y verás las grandes obras de Dios: su ayuda, su preocupación por ti".

Basta creer en Dios, confiar en él, perseverar en la confianza. Es Dios el que hiere y cura con su mano.

¿Por qué permite Dios en la crisis ser sacudidos sin piedad? ¿Será la única manera de abrirnos a la gracia?

Dice el gran Macario:

"Finalmente, el benevolente Dios le abre los ojos del corazón para que comprenda que es él quien le da la fuerza. Y entonces es cuando este hombre es capaz de alabar a Dios con toda verdad y humildad. Como decía David: mi sacrificio es un corazón contrito y humillado. De este duro combate proviene la humildad, la contrición del corazón, la benevolencia y la mansedumbre".

El término de este proceso de transformación es un corazón purificado y reconciliado. Y a partir de esta experiencia podremos comprender y acompañar a otros. El perdón será para nosotros un pan cotidiano. Y como dice el Hermano Roger, en su libro "Amor de todo amor":

"No perdonas para cambiar al otro sino, sencillamente, para seguir a Cristo. Considera al prójimo en la totalidad de su existencia y no en una etapa de su vida. Busca la trasparencia de corazón. Huye de la perspicacia y la artimaña. No intentes nunca manipular la conciencia del otro valiéndote de su inquietud como instrumento para hacerle entrar en tus ideas".

— *Propuesta de ejercicio* —

Con el corazón silenciado y en la escucha de la oración, me pregunto: ¿Vivo un sincero arrepentimiento cotidiano? ¿Hago un camino de purificación y reconciliación de mi propia historia? ¿Sé confiar en Dios en los momentos de oscuridad y tinieblas? Si atraviesas alguna crisis, es bueno identificarla... no desesperar, dejarte acompañar y saber esperar y perseverar en la escucha y la oración constante y confiada en Dios.

Puedes orar con las palabras de San Agustín: *"Jesucristo, luz de mi corazón, no dejes que mis tinieblas me hablen"*... una vez que hayas alcanzado la calma y sientas tu respiración tranquila... repite esta oración... hasta internalizarla y dejar que fluya naturalmente...

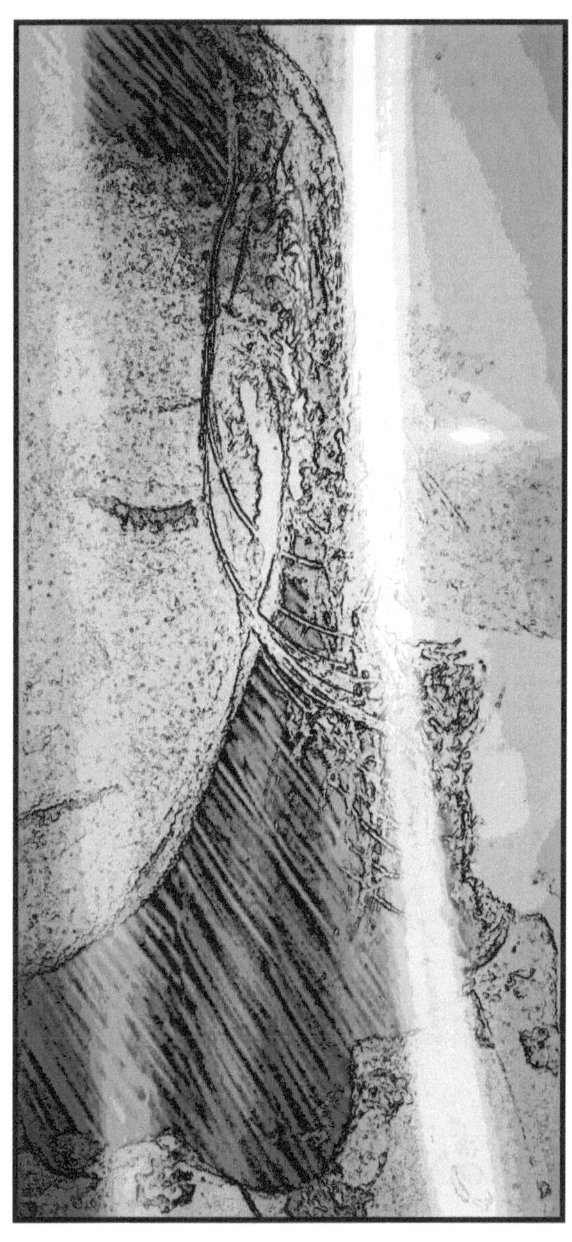

"El despojo y el vaciamiento nos dan miedo,
pero son necesarios...
en su lugar crece algo nuevo".

CAPÍTULO 10

"Permanecer en el silencio"

"Estimo que los sufrimientos del tiempo presente no se pueden comparar con la gloria que se ha de revelar en nosotros. Pues la ansiosa espera de la creación desea vivamente la revelación de los hijos de Dios. La creación, en efecto, fue sometida a la vanidad, no espontáneamente, sino por aquel que la sometió, en la esperanza de ser liberada de la servidumbre de la corrupción para participar en la gloriosa libertad de los hijos de Dios. Pues sabemos que la creación entera gime hasta el presente y sufre dolores de parto. Y no sólo ella; también nosotros, que poseemos las primicias del Espíritu, nosotros mismos gemimos en nuestro interior anhelando el rescate de nuestro cuerpo. Porque nuestra salvación es en esperanza; y una esperanza que se ve, no es esperanza, pues ¿cómo es posible esperar una cosa que se ve? Pero esperar lo que no vemos, es aguardar con paciencia. Y de igual manera, el Espíritu viene en ayuda de nuestra flaqueza. Pues nosotros no sabemos cómo pedir para orar como conviene; mas el Espíritu mismo intercede por nosotros con gemidos inefables, y el que escruta los corazones conoce cuál es la aspiración del Espíritu, y que su intercesión a favor de los santos es según Dios" (Rom. 8, 18-26).

En todo este tiempo de vaciamiento y despojo aprendemos a esperar... aprendemos a poner entre paréntesis todos los estímulos que llegan, para que luego tengan un "gran alcance". Si en este tiempo aprendiéramos a poner en espera la gran demanda de nuestros afectos, habrá transformación... pero tiene que haber una promesa, como en el texto de Romanos que acabamos de leer.

En la espera se generan capacidades desconocidas. ***Debemos alcanzar la madurez de postergar estímulos***. En este tiempo estamos ante dos claves: ***Aprender a postergar y a escuchar la demanda***. Si logramos en este proceso alcanzar estas dos claves habremos podido dar un paso importante.

Ésta es la etapa del "pueblo en el desierto": debemos purificarnos... es parte de la dinámica profunda y de la búsqueda. Como decíamos sobre la educación de los deseos, no se puede trabajar sobre lo que no se sacó afuera, sobre lo que no se expresa. Lo que no se exterioriza va socavando por dentro. (*Como es doloroso, no lo hablo... ¡no me van a comprender!, ¡me van a criticar!, por lo tanto no lo expreso y lo callo*).

Ésta es una etapa orante, silenciosa y activa... Un modo de ser y pararme frente a Dios..., hasta que la verdad salga. Para que me pueda expresar, deben darse algunas condiciones. Sobre todo debe haber ***confianza*** y ***deseo de dejarme acompañar***. ***"No se redime lo que no se asume y no se asume lo que no se expresa".*** Dios frustra los proyectos del discípulo para que haga un camino aun más profundo.

Debemos adquirir una gran capacidad de perseverar en la frustración, por eso es tan importante escuchar los desencantos y reconciliarme con mi historia.

El fruto de este proceso será una profunda libertad interior y una gran alegría.

Por lo tanto, decimos que ir detrás de Jesús nos confronta con el lado más oscuro de la propia existencia. Esta oscuridad coexiste con la belleza de la imagen de Dios en nosotros. Desde la permanencia y la escucha en la imagen de Dios en mí vienen fuertes motivaciones iluminadoras y restauradoras. El otro principio de realidad que en esta etapa debe ser meditado, es *mi relación con los demás*. Según como sea esta relación (posesiva, autoritaria, libre, gratuita... etc.), así también será mi relación con Dios. Y a esto se llega por largos procesos de silencio, de estar a solas con Dios y conmigo mismo/a.

El *"no puede ser", "debe haber otro modo"* de Pedro, muestra la resistencia que tenemos a despojarnos, a dejar de lado preconceptos e ideas gloriosas. *"Con Jesús teníamos resuelto todo el problema"*, pero los discípulos se dan cuenta que no es así. El trabajo sobre la frustración me hace ver cómo me creé una imagen necesaria de Dios.

Luego del despojo, debemos seguir detrás de él. Todo el camino de seguimiento será volver a recuperar la semejanza original con el amado. En esta pedagogía del camino hacia Jerusalén, Jesús nos hace vivir, asumir y orar nuestra debilidad, hace que nos encontremos con ella.

— Propuesta de ejercicio —

En el silencio de mi oración, sigo mirando mi propia historia, mi vida de todos los días, mi trabajo, mi vida de comunidad... me detengo en el paso de Dios por ella, aquellos acontecimientos significativos, los momentos de cruz, de angustia, de soledad y oscuridad. ¿Cómo los he vivido? ¿Cómo influyeron en mí? ¿Han sido para mí, estas vivencias, instancias para crecer o han quedado dentro causándome más sufrimiento? ¿Me cuesta estar en silencio y escuchar? ¿Por qué?... pídele a Dios la capacidad de estar a solas contigo mismo/a, disfrutando de estar a solas con él y contigo... saber convivir con este tipo de soledad, habla del proceso de madurez que vamos haciendo en nuestra vida. Debes saber disfrutar de silencio habitado, al que Dios te invita...

"Sigue creyendo, no bajes tu mirada,
míralo, contémplalo, recibe de él,
la fuerza necesaria para seguir permaneciendo...
en la cruz, está la salvación"

CAPÍTULO 11

"En la escuela de la Cruz"

"Llamando a la gente y a los discípulos, les dijo: El que quiera seguirme, niéguese a sí mismo, cargue con su cruz y sígame. El que quiera salvar su vida, la perderá; quien la pierda por mí y por la Buena Noticia, la salvará. ¿De qué le vale al hombre ganar todo el mundo si pierde su vida? ¿Qué precio pagará el hombre por su vida? Si alguno se avergüenza de mí y de mis palabras ante esta generación adúltera y pecadora, el Hijo del Hombre se avergonzará de él cuando venga con la gloria de su Padre y acompañado de sus santos ángeles" (Mc. 8, 34-38).

El camino doloroso del Mesías es también el camino del discípulo, que debe vivir su vida con una entrega generosa, desprendida y en fidelidad al maestro... El camino de la Cruz, más que *"ir hacia"*, es *"ser atraído"*. El mismo que nos llamó y nos invitó a seguirlo, nos atrae hacia la Cruz. La estrategia del camino, no está en el *"por donde"*, sino por el *"dejarse encontrar"*. A los discípulos no les gustaba que Jesús les hablara de Cruz y de muerte, pero era necesario que lo escucharan y supieran que también ellos iban a pasar por allí.

De tanto dejarnos mirar por el crucificado somos transformados por él. Sin esta mirada no habrá enamoramiento... Estamos en la escuela del crucificado. Los que vieron a Jesús en la Cruz no podían creer que todo terminara allí... sin embargo, ese fue sólo el comienzo... Y los discípulos lo van a comprender mucho tiempo más adelante. Aunque las mujeres fueron las primeras en "creer". Todavía sus corazones estaban duros, cegados y confusos.

La negación de Pedro nos muestra que realmente él no conoce a ese Jesús crucificado y del fracaso, ¡no puede ser el Jesús que él conoció! En el fondo, Pedro *"dice la verdad"*. Está cayendo en la cuenta de que no es capaz... cuando él dice ***NO***, Jesús, sigue diciendo ***SÍ***...

Somos llevados a la Pasión, debemos nutrirnos de la Pasión... El ***NO*** es una posibilidad para seguir diciendo ***SÍ***. Cuando todos dicen que ***NO***, Jesús dice ***SÍ***. Debemos confesarnos de cara al amor de la Cruz. Debemos permanecer al pie de la Cruz. Cuando ya nadie tenía esperanzas, el evangelista Juan nos dice que al pie de la Cruz estaban su madre, la hermana de su madre, María la mujer de Cleofás y María Magdalena, y el discípulo a quien tanto amaba (Jn. 19, 25-27). *"¡Unos pocos siguen creyendo y esperando"!*

Así también nosotros, debemos buscar dentro esa llama pequeña que permanece encendida, débil, pero llena de esperanzas y perseverar en una espera silenciosa, ¡hasta que llegue el día de la resurrección! Dice el papa Francisco:

> *"La entrega de Jesús en la Cruz no es más que la culminación de un estilo que marcó toda su vida" (Evangelii gaudium nº 269).*

Debemos permanecer en la escuela de la mirada. A la larga, *"somos transformados en aquello que contem-*

plamos". El gran problema de nuestro camino es ***irnos de la mirada***. Al permanecer mirando y contemplando, puedo ver mi miseria y lo indigno que soy. Vivimos huyendo, creándonos necesidades y justificaciones, sin embargo, hay también dentro nuestro una María y un Juan esperando.

Dice el evangelista que en el momento en que cantó el gallo, Jesús miró a Pedro... éste, salió afuera y lloró amargamente (Lc. 22, 61-62; Mc. 14, 72; Mt. 26, 75). El llanto de Pedro, fue un llanto *cargado de memoria*... seguramente provocado por la mirada de Jesús, llena de *misericordia* y *compasión*.

Un ejemplo de la mirada transformante de Cristo crucificado... El Padre Pío, el 22 de octubre de 1918, en una carta a su Director espiritual, el padre Benedicto de San Marco in Lamis, y por mandato de éste, le cuenta así el hecho de su estigmatización:

> *"¿Qué decirle con respecto a lo que me pregunta sobre cómo ha ocurrido mi crucifixión? ¡Dios mío, qué confusión y humillación experimento al tener que manifestar lo que tú has obrado en esta tu mezquina criatura!*
>
> *En la mañana del 20 del pasado mes de septiembre, estaba en el coro después de la celebración de la Santa Misa cuando me sentí invadido por un reposo semejante a un dulce sueño. Todos los sentidos, internos y externos, y las mismas facultades del alma, se encontraron en una quietud indescriptible. En todo esto reinaba un total silencio en torno a mí y dentro de mí; estando así, de pronto se hizo presente una gran paz y abandono a la completa privación de todo, aceptando la propia destrucción. Todo esto fue instantáneo, como un relámpago.*

Y mientras acaecía todo esto, me vi delante de un misterioso personaje, semejante a aquél visto la tarde del 5 de agosto, con la sola diferencia de que en éste las manos y los pies y el costado manaban sangre. Su vista me aterrorizó; lo que yo sentía en mí en aquel instante me resulta imposible decírselo. Me sentía morir, y habría muerto si el Señor no hubiera intervenido para sostener el corazón, que yo sentía que se me escapaba del pecho.

Se retira la vista del personaje y yo me vi con que manos, pies y costado estaban atravesados y manaban sangre. Imagínese el desgarro que experimenté entonces y que voy experimentando continuamente casi todos los días. La herida del corazón mana asiduamente sangre, sobre todo del jueves por la tarde hasta el sábado. Padre mío, yo muero de dolor por el desgarramiento y la confusión subsiguiente que sufro en lo íntimo del alma. Temo morir desangrado, si el Señor no escucha los gemidos de mi corazón y no retira de mí esta operación. ¿Me concederá esta gracia Jesús, que es tan bueno?

¿Me quitará, al menos, esta confusión que yo experimento por estos signos externos? Alzaré fuerte mi voz a él y no cesaré de conjurarle, para que por su misericordia retire de mí, no el desgarro, no el dolor, porque lo veo imposible y siento que él me quiere embriagar de dolor, sino estos signos externos, que son para mí de una confusión y de una humillación indescriptible e insostenible."

Si somos capaces de sostener la mirada de amor de Cristo crucificado, y nos dejamos transformar por ella... la escuela de la Cruz pasará a ser en nuestra vida, una permanente consejera...

— Propuesta de ejercicio —

Frente a Jesús o frente a un crucifijo, lo contemplo, lo miro... veo en él mi rostro, veo en él los rostros de muchos... veo su dolor y su sufrimiento, lo contemplo... es por amor. ¿Cómo introduzco en mi vida diaria el camino de la Cruz? ¿Sé perseverar y esperar en la Cruz o huyo de ella? ¿Qué es lo que debo transformar en mí para dejarme introducir en el camino de la Cruz? Trata de experimentar, en esa mirada contemplativa, la expresión de amor, de un Dios cercano y compasivo... que muere por amor...

"Si hemos muerto con él,
resucitaremos con él...
Jesucristo,
alimento verdadero,
siempre presente y real...
se dona y se nos entrega...
¡Ven Señor Jesús!"

CAPÍTULO 12

"Si hemos muerto con él, resucitaremos con él"

"Por el bautismo fuimos sepultados con él en la muerte, para que así como Cristo resucitó de la muerte por la acción gloriosa del Padre, también nosotros llevemos una vida nueva. Porque, si nos hemos identificado con él por una muerte como la suya, también nos identificaremos con él en la resurrección. Sabemos que nuestra vieja condición humana ha sido crucificada con él, para que se anule la condición pecadora y no sigamos siendo esclavos del pecado. Porque el que ha muerto, ya no es deudor del pecado. Si hemos muerto con Cristo, creemos que también viviremos con él. Sabemos que Cristo resucitado de la muerte, ya no vuelve a morir, la muerte no tiene poder sobre él. Muriendo murió al pecado definitivamente; viviendo vive para Dios. Lo mismo ustedes, considérense muertos al pecado y vivos para Dios en Cristo Jesús" (Rom. 6, 4-11).

Hemos hecho un camino de purificación y reconciliación, donde, al reconocer nuestra necesidad del amor misericordioso de Dios, no nos queda otra actitud que *retornar a él*. Es la actitud de aquel hijo que, pidiendo la herencia a su padre, se fue lejos, malgastó ese dinero, y en el tiempo de la necesidad "entró dentro de sí", aceptó que se había equivocado, pidió perdón a Dios, y regresó a la casa de su padre. Asumió su equivocación, y quiso reconciliarse con su padre. Hubo sanación y redención... (cfr. Lc. 15, 11-32).

Es la actitud de muchos hombres y mujeres del Evangelio que tienen un verdadero encuentro con Jesús... y que son sanados en cuerpo y alma. Abandonan una vida anterior para dar lugar a una vida nueva... porque, como dice el libro del Apocalipsis, *"él, hace nuevas todas las cosas"* (cfr. Apoc. 21, 5). Frente a Jesús, y al contemplar y mirar su amor derramado en la Cruz, no podemos hacer otra cosa que reconocer nuestra indignidad y pedir perdón. Él toma nuestra entrega, y la transforma en una fuente de agua viva.

El proceso que realizamos, es un proceso de morir para volver a nacer. El grano de trigo que somos debe morir, si realmente quiere dar buenos frutos. Deja de ser grano, acepta que debe dejar de serlo, para nacer a una nueva creación. Todo el proceso que vinimos haciendo, de despojo y vaciamiento, de asumir insatisfacciones y desencantos, de purificarnos y reconciliarnos, de perseverar en la oración y en la Cruz, desemboca en este nuevo nacimiento. Es la experiencia del bautismo... muerto al pecado, vivimos para Dios. En Cristo, somos nuevas criaturas...

Si hemos hecho bien todo este proceso, veremos que pronto llegan los signos de la resurrección. Algo nuevo comienza a nacer. Este momento nos trae esperanza, alegría, paz y se vuelve a restaurar la armonía del corazón. Y mirando hacia atrás vemos que todo el camino de dolor y sufrimiento ***fue necesario***. Dios nos invita a morir para volver a nacer. Y este proceso, lo realiza la creación entera... (cfr. Rom. 8, 22-27).

En este momento de nuestro caminar, Jesús está a nuestro lado. No lo puedo reconocer, me cuesta ver su presencia, pero él me habla, como a los discípulos de Emaús... (cfr. Lc. 24, 13-35), y me hace ver que a lo largo de este camino todo fue necesario para mí y formó parte de mi historia de salvación. Y, como estos discípulos decepcionados y desanimados en la fe, solo reconocemos a Jesús en la fracción del pan... allí somos fortalecidos, ese es un lugar de permanencia vital. Somos alimentados y renovados interiormente con el pan de vida. Él nos sostiene...

Si hemos hecho este camino moriremos con él para nacer a una vida nueva. No debemos temer a dejar que muchas estructuras internas, y seguridades de la vida, se vean invitadas a transformarse y morir, para que resurjan en una nueva manera de existir, de ser... Somos invitados por Jesús a recorrer este camino. Si queremos ser verdaderos discípulos, con él morimos y con él resucitamos. Somos llevados hasta el Gólgota para hacer la experiencia de la Cruz, somos invitados a permanecer allí... para que al tercer día resucitemos y renazcamos a una vida nueva en plenitud.

Y esto que decimos sobre nuestra experiencia espiritual, lo decimos también sobre el final de nuestra vida terrenal..., morimos para vivir, y vivimos para morir... desde que nacemos, la muerte es una posibilidad, nos acompaña y camina a nuestro lado... hasta que irrumpe y se manifiesta... *"es el momento de partir"*... la forma en que nos llega la muerte es diversa y variada... pero el *hecho* de la muerte es el mismo para todos... Cuando sucede, el sufrimiento del desapego y el *"dejar ir"* nos introducen en el duelo... un período de purificación y maduración... Aquí nos damos cuenta que durante la vida no nos preparamos debidamente para partir de este mundo... nos aferramos a él... no fuimos capaces de descubrir que hemos sido creados para la eternidad… y para trascender… fuimos mezquinos y pusimos todos nuestros intereses y esfuerzos en las cosas de este mundo… No aprovechamos lo suficiente a nuestros seres queridos… no pudimos gozar de las alegrías de la vida, no fuimos capaces de perdonar… nos reprochamos… Es el momento de entregar y dejar ir… debemos buscar la sanación y reconciliarnos con nuestra historia, y ser agradecidos a la Vida…

— Propuesta de ejercicio —

Voy a la oración, y cuando he podido permanecer en silencio y frente a Dios me pregunto: ¿me cuesta morir para volver a nacer a una nueva vida? ¿Por qué? En este momento actual de mi vida, ¿a qué debo morir para volver a resucitar con Cristo? Si he vivido la muerte de un ser querido, o cercano… ¿cómo me ha afectado? ¿Cómo me dispongo para el momento de mi partida? ¿O no creo importante una debida preparación?

"Una palabra que lo encierra todo,
lo contiene todo... MADRE...
gracias Jesús, por darnos una madre,
por darnos a tu madre"

CAPÍTULO 13

"María, madre, discípula y misionera"

"El sexto mes envió Dios al ángel Gabriel a una ciudad de Galilea llamada Nazaret, a una virgen prometida a un hombre llamado José, de la familia de David; la virgen se llamaba María. Entró el ángel a donde estaba ella y le dijo: Alégrate, llena de gracia, el Señor está contigo. Al oírlo, ella quedó desconcertada y se preguntaba qué clase de saludo era aquel. El ángel le dijo: No temas, María, que gozas del favor de Dios. Mira, concebirás y darás a luz un hijo, a quien llamarás Jesús. Será grande, llevará el título de Hijo del Altísimo, el Señor Dios le dará el trono de David, su padre, para que reine sobre la casa de Jacob por siempre y su reino no tendrá fin. María respondió al ángel: ¿Cómo sucederá eso si no convivo con un hombre? El ángel le respondió: El Espíritu Santo vendrá sobre ti y el poder del Altísimo te cubrirá con su sombra; por eso, el consagrado que nazca llevará el título de Hijo de Dios. Mira, también tu pariente Isabel ha concebido en su vejez, y la que se consideraba estéril está ya de seis meses. Pues nada es imposible para Dios. Respondió María: Yo soy la esclava del Señor; que se cumpla en mí tu palabra. El ángel la dejó y se fue" (Lc. 1, 26-38).

El evangelista Lucas nos narra el modo que Dios elige para la encarnación de su Hijo; un pueblo de la periferia, una mujer desposada con un hombre, una familia a punto de constituirse, humilde; él, carpintero, ella, una mujer piadosa que, como todos, esperaba las promesas de Dios. Imaginemos la sorpresa de María, su desconcierto... eso mismo en José, su comprometido, elegidos los dos para ser padres del "Mesías" esperado... ¿Pero, cómo puede ser esto? Es la pregunta que también nos surge, al igual que María... y la respuesta: "Dios obrará, esto es querido por él...". ¿Y cómo estar seguro de eso? Su parienta Isabel ya había concebido... y Zacarías por dudar, había quedado mudo... si bien María no sabía nada de esto, luego viaja y encuentra todo como el ángel le había anunciado... luego José recibe la confirmación de todo esto. María es la del "sí" a la voluntad y al proyecto salvador de Dios... es la servidora, la esclava, la que hace lugar en su corazón a la Palabra... la que confía y espera amando...

> *"Se celebraba una boda en Caná de Galilea; allí estaba la madre de Jesús. También Jesús y sus discípulos estaban invitados a la boda. Se acabó el vino, y la madre de Jesús le dice: No tienen vino. Jesús le responde: ¿Qué quieres de mí mujer? Aún no ha llegado mi hora. La madre dice a los que servían: Hagan lo que él les diga"* (Jn. 2, 1-5).

La Palabra nos cuenta que éste es el primer signo que Jesús realiza en público. Lo hace en una boda y por mediación e insistencia de su madre. María sabe que su hijo puede hacer algo por ellos, le insiste... y a pesar de la respuesta de Jesús, María sabe que su hijo lo hará... por eso María dice a los sirvientes: *"Hagan lo que él les diga"*. María nos muestra el camino hacia Jesús, nos invita a confiar y a saber esperar en él, en sus palabras y acciones. Y para hacer lo que él nos dice, hay que saber escuchar, con atención y sin distracciones. No debemos perderlo de vista... porque son muchas las cosas que a menudo nos dispersan.

> *"...una mujer de la multitud alzó la voz y dijo: ¡Dichoso el vientre que te llevó y los pechos que te amamantaron! Él replicó: ¡Dichosos, más bien, los que escuchan la Palabra de Dios y la cumplen!"* (Lc. 11, 27-28).

Puede que la respuesta de Jesús sea una invitación a sus oyentes a escuchar y cumplir la Palabra... posiblemente ésta sea una interpretación válida para este texto... pero nadie más que Jesús sabe que su madre es una fiel oyente y cumplidora de la Palabra, desde el inicio de su vida. Esa mujer que levantó la voz y dijo esas palabras, sin saber, estaba identificando a Jesús con esa Palabra que María llevó en su vientre y se hizo carne. Probablemente María, al escuchar a su hijo y al verlo actuar, confirmaría todo lo que de él se decía... y lo que a ella y a José se le había encomendado... ¡Cuánta intimidad y vida de hogar en aquella humilde familia de Nazaret! Jesús fue creciendo bajo la tutela de estos jóvenes esposos... hasta que llegó el momento de comenzar su misión, para la cual fue enviado. Y su madre, fue la primera de sus discípulas...

> *"Junto a la cruz de Jesús estaban su madre, la hermana de su madre, María de Cleofás y María Magdalena. Jesús, viendo a su madre y al lado al discípulo amado, dice a su madre: Mujer, ahí tienes a tu hijo. Después dice al discípulo: Ahí tienes a tu madre. Y desde aquel momento el discípulo se la llevó a su casa"* (Jn. 19, 25-27).

La nueva comunidad que surge, al pie de la Cruz, tendrá una madre en común, la misma madre de Jesús... a partir de aquí, todos estamos llamados a recibirla en nuestra vida. Ella está allí... muchos desaparecieron, cuando llegó el momento de la verdad, fueron pocos los que supieron permanecer. La madre permanece fuerte, pero comprendiendo que éste es el momento del dolor y de la espada atravesando su corazón... ¡Qué triste y qué desolador es ver una madre sufrir de dolor por la muerte de su hijo!... es un cuadro que se repite a lo largo de los siglos... son las madres del dolor, que lloran a sus hijos... María nos introduce en la escuela de la cruz, y nos invita a descubrir el sentido redentor del dolor.

"Entonces se volvieron a Jerusalén desde el Monte de los Olivos, que dista de Jerusalén tan sólo lo que la ley permite caminar en día sábado. Cuando llegaron, subieron al piso superior donde se alojaban. Estaban Pedro y Juan, Santiago y Andrés, Felipe y Tomás, Bartolomé y Mateo, Santiago de Alfeo, Simón el Zelota y Judas de Santiago. Todos ellos, con algunas mujeres, la madre de Jesús y sus parientes, permanecían íntimamente unidos en la oración" (Hch. 1, 12-14).

¡Qué importante habrá sido para los discípulos la compañía de la Madre! ¡Ella podría contarle tantas cosas de su hijo! Ella animaba la fe de esos discípulos y era modelo de orante. Era un referente permanente para ese pequeño grupo que comenzaba a resurgir. La oración los mantenía unidos, y María estaba allí... A partir de ahora, todo adquiere nuevo significado, la resurrección de Jesús reanima el aparente fracaso y desilusión de sus discípulos, los vuelve a poner en camino..., ellos son los encargados de anunciar y comunicar este mensaje a las naciones. Fueron elegidos para eso… todo lo que vivieron junto a Jesús y oyeron de él, comienza a cumplirse. Y María es madre de esta Iglesia naciente y acompaña con su presencia el anuncio de estos discípulos.

— Propuesta de ejercicio —

Me tomo un momento de silencio, de reposo, de relajación… tomo una imagen de María, la que más me guste... y, contemplándola, me pregunto: ¿cómo es mi relación con ella? ¿Qué lugar ocupa en mi vida? Siendo que en ella vemos el modelo acabado de toda vida cristiana, escribe en un papel, ¿qué es lo que a mí me falta para alcanzar esa meta? ¿Cuáles son los propósitos que debería formularme? Pido a María que me guíe en la oración, y me haga fiel discípulo misionero del mensaje de Jesús.

CONCLUSIÓN

"Vivir como resucitados"

"Ese tesoro lo llevamos en vasijas de barro, para que se vea bien que ese poder extraordinario procede de Dios y no de nosotros. Por todas partes nos aprietan, pero no nos aplastan; andamos con graves preocupaciones, pero no desesperados; somos perseguidos, pero no desamparados; derribados, pero no aniquilados; siempre y a todas partes, llevamos en nuestro cuerpo los sufrimientos de la muerte de Jesús, para que también en nuestro cuerpo se manifieste la vida de Jesús. Continuamente, nosotros, los que vivimos, estamos expuestos a la muerte por causa de Jesús, de modo que también la vida de Jesús se manifieste en nuestra carne mortal. Así la muerte hace su obra en nosotros, y en ustedes, la vida. Pero como poseemos el mismo espíritu de fe conforme a lo que está escrito: «creí y por eso hablé», también nosotros creemos y por eso hablamos, convencidos de que, quien resucitó al Señor Jesús nos resucitará a nosotros con Jesús y nos llevará con ustedes a su presencia" (2 Cor. 4, 7-14).

En esta nueva vida de resucitados, todo toma un nuevo sentido. Y somos invitados a renovarnos en Jesús y a la luz del discernimiento de espíritu. Nuestra vida debe adquirir una nueva manera de ser y existir. Digamos algo sobre esto: ¿cómo sería vivir como resucitados? ¿Cómo hacer presente la esperanza de una vida nueva en medio de tantos signos de muerte?

En primer lugar, debemos decir que vivir como resucitados es algo que podemos lograr, a partir de una vida más fraterna, expresiva de aquella comunión trinitaria en la que se origina toda relación terrena y de la cual la nuestra vida debe ser y hacer memoria. El rostro de nuestra vida debe ser, sobre todo, el rostro de la "relación". El hombre es un ser dialogal, que con el pecado ha corrido el riesgo de "enamorarse de su monólogo". Debemos ser interlocutores en voz alta de Aquel que el mundo ni ve ni oye, pero de Aquel que entra en permanente relación con el ser humano.

"El vínculo de la fraternidad se hace tanto más fuerte cuanto más central y vital es lo que se pone en común". Un rostro resucitado de nuestra vida será entonces *la superación de las divisiones, de los antagonismos, de las separaciones*; pero sobre todo, la capacidad y la libertad para integrar en el amor, todo aquello que por lo general trunca las relaciones y lleva a encerrarse en uno mismo.

Vivir como resucitados, es entrar en contacto amoroso y misericordioso con el hombre y la creación..., con sus heridas, evidentes y ocultas, materiales y espirituales. Un rostro resucitado es el rostro de la Iglesia como *"buen samaritano"* que cuida del otro, sea quien sea, porque *es mi hermano/a.*

La vida es un bien que recibimos y tiende naturalmente a ser bien que se entrega. Preguntémonos, hasta aquí, ¿cuánto he dado de mí a los demás y a la sociedad? ¿Me doy, o mezquino lo que soy y lo que tengo? Los medios que poseo, ¿me ayudan a vincularme y a salir de mí mismo o más bien me encierran en mi pequeño mundo.

Vivir como resucitados supone incorporar a nuestras relaciones, palabras como: "*por favor*", "*perdón*" y "*gracias*"; que se traducen en una forma de ser y vincularnos desde el corazón, desde lo profundo... porque somos amados y necesitamos amar...

Hay dos extremos peligrosos que debemos evitar... ser *demasiados serios*, que nos impide ver el lado cómico de las cosas, y así envenenamos el aire que todos deben respirar. Y cuando exhibimos una *seguridad inoxidable* es porque posiblemente escondemos detrás una gran fragilidad... Aprendamos, entonces, a vivir desde la *humildad*, para poder también confiar y abandonarnos.

No soñemos con la *"uniformidad"* en la que todos tenemos que hacer y decir lo mismo, vestirnos de la misma manera y comportarnos y comer lo mismo... como resucitados debemos aceptar y convivir con la diversidad, y debemos enriquecernos en ella... sin temor a perder nuestra identidad.

No nos escandalicemos y no nos *"rasguemos las vestiduras"* por el pecado de los demás... Vivimos como resucitados, cuando somos pacientes con nuestras propias cargas y pecados, como lo somos con los demás; porque de la misma manera Dios es paciente y misericordioso con nosotros y con todos los que se acercan a él con un corazón arrepentido.

Es ***peligroso*** aquel que *"consume"* la comunidad o la sociedad, y no se siente responsable de nadie, pero también lo es aquel que no necesita de nadie o cree no necesitar de nadie, y se basta a sí mismo; y no sabe o recuerda ni siquiera cuántas veces él mismo ha sido llevado sobre los hombros de otros y por la vida...

Recordemos siempre, *"somos sanadores heridos"*... nadie es tan pobre que no pueda dar, ni tan rico que no pueda recibir... La responsabilidad ante los demás nace, en el fondo, de la conciencia agradecida de haber sido generados y por la certeza correspondiente de ser capaces de generar. Vivir como resucitados, quiere decir, en esta sintonía, acoger sobre sí, sobre uno mismo, el peso y la responsabilidad de la comunidad, de la sociedad, de mis hermanos... *Reconocerse pecador ante Dios es la condición necesaria para estar justificados; de otra manera prevalece la arrogancia de quien se considera impecable.*

La comunidad no se encuentra servida en bandeja, la construimos día a día. De hecho, nunca será una realidad perfecta y estable. San Francisco de Asís, hace a sus hermanos una serie de recomendaciones para salvaguardar y alimentar la vida en fraternidad, que pueden ayudarnos en nuestra vida cotidiana: evitar el exceso de palabras, evitar la difamación y murmuración, evitar las disputas y contiendas, respeto especial para los hermanos ausentes, a los ministros, guardianes y custodios, recomienda la oportuna amonestación y corrección de los que yerran, y a todos, compasión por los que han caído en pecado.

Hasta en su último respiro, Jesús busca la salvación del pecador: *"Hoy estarás conmigo en el paraíso"* (Lc. 23, 43). Una frase sintetiza la misericordia de Dios que se manifiesta en la vida de Jesús: *"Porque el Hijo del hombre vino a buscar y a salvar lo que estaba perdido"* (Lc. 19, 10). Animémonos a vivir como resucitados y no dejemos que el temor nos paralice; poseemos la gracia, de un Padre que en su infinito amor y misericordia nos invita siempre a una nueva oportunidad...

— Propuesta de ejercicio —

Si has hecho todo el camino, y has llegado hasta aquí sin saltear capítulos... te sugerimos que luego de un momento de silencio y oración, tomes papel y lápiz y escribas... ¿Qué actitudes debo modificar en mí para vivir como resucitado? ¿Qué debo cambiar? ¿A qué me comprometo? ¿Qué me propongo? Lo escribo y me doy un tiempo para ponerlo en práctica... luego de ese tiempo, lo vuelvo a retomar... lo evalúo... me observo... y sigo camino... soy un peregrino en busca de la felicidad...

Sobre el autor

Jorge J. Cittadini

Nació en Ordóñez (Pcia. de Córdoba) el 26 de febrero de 1976. Ingresa a la Orden de los Frailes Menores Capuchinos el 1 de marzo de 1994. En este mismo año realiza su Postuantado en La Cumbre (Sierras de Córdoba), en el año 1995, viaja a Chile, donde transcurre su Noviciado, en Quepe (IX Región), el 2 de febrero de 1996, hace su primera profesión. Desde 1996 hasta 1998 vive en Montevideo, donde cursa sus estudios de Filosofía y el primer año de Teología. Vive un año de experiencia pastoral en la fraternidad de Villa Gobernador Gálvez, y ese mismo año, 1999, el 19 de abril, emite su profesión perpetua, junto a tres hermanos más, en el Santuario de Pompeya (Bs As). En el año 2000, es destinado a esta fraternidad de Pompeya, donde termina sus estudios teológicos. Es ordenado diácono el 11 de agosto de 2002 en el actual Santuario del Sagrado Corazón Misericordioso de Jesús, en la ciudad de Córdoba. Y el 11 de octubre de 2003, es ordenado sacerdote en su pueblo natal. Desde esos años, hasta la actualidad, Jorge ha brindado diferentes servicios en las fraternidades por donde pasó. También, lo hizo en variados servicios del ámbito pastoral: en pastoral de la salud, con jóvenes y a nivel misionero, con artistas cristianos, y en pastoral familiar. Vivió un año en la Casa de Oración San Félix de Cantalicio en Chile. Fue asesor pastoral de BANUEV (Buenos Aires para una Nueva Evangelización) con ellos grabó un Cd de música franciscana llamado "Gratitud", y participó de la Jornada Mundial de la Juventud del año 2005, realizada en Alemania. En el año 2018 se retira de la Orden Capuchina, y actualmente es Coach Ontológico Profesional. Ofreciendo su servicio de acompañamiento a todos los que lo requieran.

Bibliografía utilizada y consultada

La biblia de nuestro pueblo, *Texto: Luis Alonso Schökel. Adaptación del texto y comentarios: Equipo internacional, 2007.*

Catecismo de la Iglesia Católica, *Conferencia Episcopal Argentina, 1993.*

Evangelii Gaudium, *Exhortación Apostólica del Sumo Pontífice Francisco*, Ed. Paulinas, Santiago de Chile 2013.

Hno. Roger de Taizé, *Las fuentes de Taizé. Amor de todo amor*, PPC 2000.

André Louf, *El Camino Cisterciense. En la escuela del amor*, Ed. Monte Carmelo, Burgos 2005.

Amedeo Cencini, *El mundo de los deseos. Orientaciones para la dirección espiritual,* Ed. Paulinas, Lima 1998.

Jean Lafrance, *La oración del corazón,* Ed. Guadalupe, Buenos Aires 2008.

Jean-Yves Leloup, *Palabras del Monte Athos,* Ed. Paulinas, Buenos Aires 1983.

Los dichos de los Padres del Desierto, Ed. Paulinas, Buenos Aires 1986.

La primera edición de este libro se culminó de editar, el 19 de noviembre,
Festividad de Santa Inés de Asís, hermana de Santa Clara.
La primera reimpresión se concluyó en marzo de 2017.
Esta segunda reimpresión se realizó en marzo de 2025
en los talleres gráficos de Multigraphic
Av. Belgrano 520, CABA, Argentina.

www.ingramcontent.com/pod-product-compliance
Lightning Source LLC
LaVergne TN
LVHW041121150826
845673LV00007B/2153

* 9 7 8 8 4 1 6 4 6 7 6 9 3 *